音楽の記憶

森 邦夫 著

港の人

音楽は比較するものがないほど、人生を豊かにした。音楽はかけがいのない、期待を越える、何ものにもまさる祝福である。

アンソニー・ストー（『音楽と精神』）

音楽の記憶　目次

I　音楽の記憶

一　記憶に残るコンサート

三十年以上前のことである。当時評判になったピアニスト、ラドゥ・ルプーのリサイタルに出かけた。ブラームスのソナタや間奏曲を弾いたように記憶している。イツァーク・パールマンのヴァイオリン・リサイタルを聴きに行ったが、何を聴いたか全く覚えていない。ただ足に障害のある彼が、演奏する前に杖をステージにドンと落した音を記憶しているだけである。巌本真理弦楽四重奏団を聴いたことがある。ベートーヴェンが演奏曲目に入っていたと思うが、覚えているのは巌本真理の端正で厳しい顔の表情だけである。モーリス・ジャンドロンのバッハ『無伴奏チェロ組曲』の全曲演奏を聴いた。

彼はどこかで弾き間違えて、「ソーリー」と言って、数小節戻って弾き直した。こんなこともあるのかと思ったが、これで演奏全体が損なわれた印象はなかった。一九八七年に友人とユーディー・メニューインのリサイタルを聴いた。一九五一年に初来日した時のプログラムを再現した企画だった。このプログラムが手元に残っていて、バッハの無伴奏ソナタとパルティータを弾いたことがわかる。曲の性格もあるが、美音を奏でるというよりも謹言な演奏だった気がする。

　コンサートでの音楽の記憶はどう残っているか、どんな音楽をしていたか説明することは難しい。プロの音楽家であれば、特定の箇所でのテンポの設定とか、特定の楽章の入りが違うとか、クレッシェンドの仕方とかを覚えているかもしれない。素人の音楽ファンとしては、その演奏の姿の記憶がむしろ覚えていることかもしれない。しかもそれは、他の情報により補足され強化された記憶かもしれない。その同じ演奏家の演奏を既に聴いたことがある、あるいは映像で見たことがあるといった類のこともあるだろう。

わたしにとって、忘れられないコンサートは、一九八六年五月、横浜で聴いた、カルロス・クライバーの指揮する、バイエルン国立管弦楽団のベートーヴェン『交響曲第四番』と『交響曲第七番』である。そんな昔のことを詳しく覚えているかというと、必ずしもそうではない。その日のコンサートのチケットの半券が残っていた。そして、クライバーの死後に刊行された、『木下晃写真集　カルロス・クライバー』（二〇〇四、アルファベータ）には、わたしが聴いた日のコンサートの写真が多数入っている。そのせいで、遠くで見た姿を近くで見たかの如く錯覚しているのかもしれない。もちろん、既にレコードでバイエルンを指揮したベートーヴェンの四番のライヴの録音をその前に聴いていて、どんなに素晴らしいか知ってもいた（七番はその時点でまだ聴いていない）。第一楽章、ゆっくりとした序奏から主要部に入るやいなや疾走するのがたまらない。七番は二楽章の鬱屈した気分から三楽章の爆発的な解放が素晴らしい。このコンサートのせいで、わたしにとって、ベートーヴェンの交響曲は、四番と七番がベストであるという固定観念ができ上がってしまった。アンコールにはヨハン・シュトラウスのワルツを指揮したのだが、ほとんど音楽に合わせて踊っているような指揮ぶりだった。その後、LDで観たウィーン・フィルハーモニー管弦楽団のニューイヤーコンサートの演奏も、指揮する姿の魅力的な、最も気に入った演奏のひとつとなった。テレビ中継で他の指揮者の振る、恒例のニューイヤーコンサートを観ても、もう面白いものではなくなった。一九九四年、最後の来日となったウィーン国立歌劇場を伴ってのリヒャルト・シュトラウス『バラの騎士』は、オペラファンには大変な人気だったと思うが、わたしは予定がつくかどうかもわからず、出かけなかった。後にウィーンでの演奏のLDを買って観たが、特に感激したわけではない。その頃、リヒャルト・シュトラウスにあまり関心がなかったせいである。その後、二〇〇四年発売のDVDで、一九九六年、ミュンヘンでのバイエルン国立管弦楽団とのコンサートの記録を観た。病後であったかもしれないが、さすがに老いを感じさせる姿にはなった。でも、モーツァルトの『交響曲第三十三番』を、優雅に指揮する姿で、軽妙な音楽を鳴らしていたのを見ることができたし、ブラームスの『交響曲第四番』を、表情豊かに指揮し、味わい深い演奏を披露していた。

ベートーヴェン『交響曲第五番』で、最初に気にいったのがアルトゥーロ・トスカニーニ指揮、NBC交響楽団の演奏であったことは、決定的であった。中学生の頃、レコードで聴いて夢中になり、通学途中、頭に入った音楽を歌って再現しながら歩いた記憶がある。響きの痩せた乾いた録音が、迫力がありかっこいいと感じたらしい。後にヘルベルト・カラヤン指揮ベルリン・フィルハーモニー管弦楽団の五番をテレビで見た。テレビの音は貧相であったかもしれないが、演奏の傾向はわかった。カラヤンはこの曲を美しく、レガート、レガートと流していっていた。これは違うでしょう、とすぐ思った。ベートーヴェンの音楽をこんなに美しいだけの音楽にしてしまっていいのだろうか。この五番は、まるで人を説得するように、主題を提示したらそれを執拗に展開し、論理を重ねるようにして進行し、最後のコーダに向かわなければならない、と思う。カラヤンはひたすらベルリン・フィルの作る美音に酔いしれるように、ほとんど眼をつぶって指揮していた。もう一度気にいる五番に出会ったのは比較的最近である。パーヴォ・ヤルヴィ指揮、ドイツ・カンマーフィルハーモニーの演奏がわたしはすっかり気に入った。やっと新しいわたしの五番に出会ったと思った。DVDで見たその指揮ぶりも気にいった。強さも厳しさも不足なかった。実際のコンサートは、歌劇『フィデリオ』を聴くことができた（二〇一三年）。演奏会形式のこの公演は、これに先立つ日本でのベートーヴェンの交響曲チクルス公演を聴き損ない、これしか聴く機会がなかったが故の選択であった。このオペラの物語は正義の生真面目な肯定と理想主義があからさまで、いささかひいてしまう。立派過ぎるのである。でもこれもベートーヴェンである。しかし、そう思うわたしはヤルヴィ指揮のこの音楽を聴き、予想外に感激してしまった。説得されてしまった、というのがもっと適切な表現かもしれない。

わたしはパーヴォ・ヤルヴィの日本公演があると可能な限り聴きに出かけた。『フィデリオ』を聴く以前、二〇一一年には、パリ管弦楽団とのビゼーの交響曲を聴きに行った。また、二〇一四年にはドイツ・カンマーフィルとのブラームスのチクルスで、『交響曲第三番』と『ピアノ協奏曲第二番』を聴きに行った。ほんとうは交響曲の二番を聴きたかったのだが、その日は行けず、やむを得ずの選択であった。協奏曲のピアニストはラルス・フォークトで、演奏はいささか平凡であった。交響曲第三番の印象も含めヤルヴィはブラームスが不得手なのか、聴くわたしに問題があったのかと、考えたりした。CDで、ヤルヴィ指揮、フランクフルト放送管弦楽団、ピアノ、ニコラス・アンゲリッシュで聴き直したら、素晴らしい迫力で全く違う演奏に聞こえた。小ぶりなオーケストラの限界ということもあるのかもしれない。また、後にCDでヤルヴィとドイツ・カンマーフィルのブラームスの交響曲を聴いたが、何か物足りない感じがした。（ブラームスの交響曲を聴くなら、例えば、録音は古いが、ジョン・バルビローリ指揮のウィーン・フィルの演奏が豊かで味わい深い。）それでも、ヤルヴィはNHK交響楽団の首席指揮者となったので、彼の指揮ぶりを見る機会が俄然増えるという嬉しい状況になった。N響を指揮したリヒャルト・シュトラウスのコンサートにも行ったし、この組み合わせのCDが出て聴くようになってから、シュトラスウスの音楽が面白くなってきた。

リヒャルト・シュトラウスに関しては、遥か昔のことで記憶に残った曲があった。N響の演奏会で、誰の指揮で誰が歌ったのか忘れているのだが、『四つの最後の歌』を聴いたことを覚えている。これを目的に行ったのではなかったと思うのだが、この曲がとても気に入った。その後、この曲のいろいろな演奏を探して聴くことになったが、なぜかなかなか満足する演奏に出会わない。そのうちジョージ・セル指揮、ベルリン放送交響楽団をバックにしたエリザベート・シュヴァルツコップの録音に出会い、やっと満足した。それでも、更に新しい演奏はないかとまた探したが、結局これ以上の満足を与えてくれる演奏にはまだ出会わない。例えば、フェリシテ・ロットが歌うのは悪くはない。ただ、彼女の声はこの音楽には明るすぎる（ネーメ・ヤルヴィ指揮、ロイヤル・スコティッシュ管弦楽団の演奏）。

ときに聴きたくなるマーラーの音楽を、初めて聴いたのはレコードで、バルビローリ指揮、ニュー・フィルハーモニー管弦楽団の五番だった。とても美しい演奏だった。その後、CDでマゼール指揮、ウィーン・フィルの演奏を聴き、マーラーの音楽のグロテスクな局面を知った気がした。一九八七年、サントリーホールでジョゼッペ・シノーポリ指揮、フィルハーモニー管弦楽団の演奏で、マーラー『交響曲第五番』を聴いた。耽美と狂気がこの演奏にはあった。その後テレビでシノーポリの演奏の映像を見たこともある。以降、マーラーはこうでなくてはならないという規範を勝手に作ってしまった。強い耽美性、時にアイロニー、そして不安と激情もあるが、これらを危ういバランスでまとめる音楽でなければならない、という聴き方である。後にマーラーの交響曲をすべてシノーポリ指揮で揃えることになる。日本でのマーラー演奏はこの頃盛んに行われるようになり、若杉弘指揮のNHK交響楽団の六番、ガーリー・ベルティーニ指揮、ケルン放送交響楽団の三番の演奏を聴きに行ったこともある。更にはずいぶん時期は後になるが（一九九五年）、エリアフ・インバル指揮、フランクフルト放送交響楽団の一番の演奏も聴きに行き、よい演奏だと思った。わたしのなかでは、マーラーはシノーポリかインバルと決まってしまい、インバルのCDも揃えることになった。後に他のオーケストラはどう演奏しているのか知りたくて、CDを買い聴いてみた。クラウディオ・アバド指揮のベルリン・フィルで五番、ピエール・ブーレーズ指揮のウィーン・フィルで六番である。アバドの指揮した演奏は無難に流している印象。ブレーズの指揮した六番が、耽美、狂気、混乱が、きれいに整理されて、おとなしい美しい音楽に統一されているのには唖然とした。これはマーラーではない、と思った。近年の演奏では、やはりパーヴォ・ヤルヴィがフランフルト放送交響楽団で六番を振っているのをDVDで見ながら聴き感心した。再びわたしの描くマーラー演奏に出会ったと思った。(1)

時期を前に戻すが、小さな会場であれば演奏家の表情も見える。それで覚えていることがある。一九九四年、マリア・ジョアン・ピリスとオーギュスタン・デュメイのリサイタルがあるので、聴きに出かけた。ピリスとデュメイは、もう既に多くの録音をCDで持っていて聴いていた。ピリスに関しては、モーツァルトはまず軽快でなくてならないが、それだけではなく、ある瞬間に陰りを帯びた表情が現れる、というわたしの受け取り方に最も近い演奏をするピアニストであり、モーツァルトのソナタを揃えて聴いていた。デュメイに関しては、ピリスと一緒に演奏していることで聴き始めた。モーツァルトとブラームスのヴァイオリン・ソナタを二人で演奏したCDを持っていた。その日の演奏はドビッシーのソナタをピリス、ラヴェルをデュメイ、デュオとしてはグリーグのソナタ、フランクのソナタだった。悪かったはずのない演奏だと思うのだが、実のところどんな演奏だったか、まるきり覚えていない。覚えているのは、演奏後、二人が聴衆の拍手に応えて立っていた時の様子である。ピリスはいささか疲れた表情で、デュメイの手にまるでしがみついているようなのだ。おかしいなと思って帰宅したが、その後新聞で知ったことは、来日中にピリスの母がなくなったということだ。彼女は健気に弾いていたのだと思った。母親の死がまったく影響を与えなかったということはないと思う。逆に、聴く側のこちらのその時の心理も、聴き方に影響を及ぼしているのかと思う。ある種の音楽にまともに向き合えない時もあるだろうし、妙に感情に作用してしまうこともあるのだろうと思う。

二〇一〇年に、デュメイが関西フィルハーモニー管弦楽団を率いて東京公演を行ったのを聴きに行った。デュメイはモーツァルトの『ヴァイオリン協奏曲第五番』を弾き振りし、相変わらずの美音で聴かせてくれた。彼の指揮するベートーヴェン『交響曲第八番』の前に、公式には引退していたジョゼ・ヴァン・ダムがモーツァルトのオペラから「カタログの歌」、「もう飛ぶまい、この蝶々」などのアリアを歌った。ベートーヴェンの八番も、四番と七番についいで好きなので大いに満足というところだった。ヴァイオリニストとしてはもうひとり、ギドン・クレーメルが気になる演奏家だった。これはチケットをいただいて聴きに出かけたクレーメルのリサイタルのせいだが、演奏曲は何も覚えていない。どう見ても風采が上がらず、口を半ば開けて演奏する少々さえない姿と不釣り合いに、美しい音楽がヴァイオリンから出てきた。これで、彼のCDを買って聴くことになった。

一九九五年八月末から、ウィーンに一週間滞在した。幸いザルツブルグから戻って来たウィーン・フィルのコンサートのチケットが手に入った。これはパンフレットを残しているのではっきりしている。プログラムは、ドビュッシーの『牧神の午後への前奏曲』、ビゼー『ハ長調の交響曲』、そしてリヒャルト・シュトラウス『ツァラツストラはこう語った』、指揮はジョルジュ・プレートル。ウィーン・フィルの演奏を楽友協会大ホールで聴くという念願がかなって、舞い上がっていたのだろう。ホールの豪華な装飾を眺めてばかりいて、音楽がどんなものだったか、ほとんど記憶にない。ただ、気のせいだろうが、『牧神の午後への前奏曲』の冒頭、フルートの音がこれまで聴いたのと音程が違うものに聞こえた。二階バルコニー席の正面、最前列で聴いたので、遠くではあるが音はよく聞こえたし、距離はあったが視界はよかった。演奏が悪かったはずがないのであるが、好きなビゼーの交響曲を聴くことができて嬉しかったのは覚えている。それより、二日前にコンツェルトハウスの大ホールで聴いた、トーンキュンストラー管弦楽団の演奏がよく記憶に残っている。そのホールは学友協会大ホールとは違い、コンクリートむき出しのいささか殺風景なホールで、加えて、ウィーンは急に秋になり、ホールは寒々としていたが、演奏は熱気に溢れたものだった。ファビオ・ルイジ指揮で聴いたのは、ウェーベルン『管弦楽のための変奏曲』、マーラー『交響曲第一番』その他であったが、初めて聴いたウェーベルンのその曲は新鮮な印象を持ったし、マーラーは、土臭く野卑な面を十分強調した、強烈な演奏だった。このオーケストラは二流と格付けされているが、いい演奏をしていた。おそらく、聴く際に何か新しい要素、初めて聴く曲がプログラムに入っているとか、そのオーケストラはCDを含めてまだ聴いたことがなかったとかいう条件で、集中力が自然に高まりよく聴くのかもしれない。

うまいと言えないオーケストラのコンサートで、妙に記憶に残っているのは、ホノルル交響楽団のコンサートである。二〇〇七年の夏、わたしはハワイでの学生たちの語学研修のサポートのため、ホテルに滞在した。ハワイ大学の図書館で本を読みながら、学生たちが授業を終わるのを待ち、問題が発生すればその解決にあたる役目である。こんな日を四、五日続けていたら、何か気晴らしが欲しくなった。ホテルの新聞で、コンサートシーズンのオープニングで、サラ・チャンがシベリウスの『ヴァイオリン協奏曲』を弾くという記事を見つけた。ハワイでクラシックを聴けるとは思いもしなかったが、コンサートは日曜にあり、学生は授業がないので、これ幸いと出かけた。ハワイ語による歓迎の言葉の朗唱の儀式があり、ほら貝を鳴らすなど、珍しいものを見た。シベリウスの『ヴァイオリン協奏曲』のソリスト、サラ・チャンは熱演した。最後の楽章では、ヴァイオリンの弓が切れた。シベリウスの冷たい熱狂を聴くことができた。オーケストラは必死だった。チャイコフスキー『交響曲第五番』が最後の演目だったが、弦はともかく管楽器が弱くて、懸命な演奏も及ばずといったところだった。それでも、ハワイでクラシックを演奏し、それを聴く人もそれなりにいるのだという認識は思いがけないことだったので、よく記憶に残っている。

ずいぶん昔のことだが、ラファエル・フリューベック・デ・ブルゴスの指揮で読売日本交響楽団がファリャの『はかない人生』を演奏した。舞台でのフラメンコの歌と踊りを交えての公演で、非常に面白かった。これは滅多に実演されない曲だったので記憶している。一九九七年、サントリー音楽賞を受賞した今井信子を中心にしたコンサートがあった。ここでバルトークの『ヴィオラ協奏曲』を聴き、ヴィオラが雄弁なソロになりうることを知った。後に、今井信子のヴィオラ・リサイタルに行き、ブラームスのヴィオラ・ソナタの魅力も知った。（後にこの原曲のクラリネット・ソナタをCDで聴いたが、先に聴いたヴィオラの方がより上質に聞こえた。）二〇一二年、オーケストラ・アンサンブル金沢をマルク・ミンコフスキが指揮した。プーランク『二台のピアノのための協奏曲』を初めて聴いて面白かったのを覚えている。クルト・ヴァイルの交響曲も演奏に入っていて珍しく、プログラムに工夫があった。ソロですぐれた演奏活動をする日本人演奏家の水準、指揮者次第で、いい演奏をする日本のオーケストラの演奏の水準は、かなり高いと思う。

よくある日本のオーケストラの公演のプラグラム構成は、短い軽めの曲、招待ソリストによる協奏曲、最後に主たる長めの曲と言う構成である。こんな構成のコンサートを数多く聴いているのであるが、その招待ソリストを案外覚えていない。協奏曲ではないが、リヒャルト・シュトラウスの交響詩『ドン・キホーテ』を聴いた記憶があるが、チェロがアンドレ・ナバラで、魅力的であったことを覚えている。またオーケストラ・アンサンブル金沢のコンサートで、モーツァルトの『クラリネット協奏曲』のソリスト、カール・ライスターのスマートな演奏に魅了されたことも覚えている。その後は最近のことなら、N響のコンサートでラヴェル『ピアノ協奏曲 ト長調』をジャン・イヴ・ティボーデが弾いたこと、同じくN響で、ラヴェルの『左手のためのピアノ協奏曲』をピエール＝ロラン・エマールが弾いたことが鮮明な記憶である。最近でもあるし、この二曲はとても好きな曲なので記憶が鮮明なのかもしれない。

ウィーン室内合奏団のコンサートは、室内楽を聴く楽しみをたっぷり与えてもらった。シューベルト『八重奏曲　ヘ長調』そして二年後に聴いたモーツァルトの『ディヴェルティメント第十七番　ニ長調　K三三四』は忘れられない。ヴァイオリンのゲアハルト・ヘッツェルはもう亡くなっていたので、第一ヴァイオリンが代わっていたが、それでもやはり彼らの演奏は優雅で楽しかった。CDを聴いた限りでは、ヘッツェルの主導的役割が強く感じられたが、それがヨセフ・ヘルに代わっても十分楽しめた。一九九四年が一回目、二年後再来日したとき、また聴きたくて行った。シューベルトの室内楽には親しみやすいメロディがたっぷりあり、自然に音楽に入っていける。モーツァルトの室内楽には楽しさがいっぱいあるが、でもそれだけではない。そこに陰りがあったり、悲しさが忍び込んでいたり、そのニュアンスが魅力的なのだ。

弦楽四重奏を聴き始めたのがいつごろからか、記憶ははっきりしない。レコードではスメタナ弦楽四重奏団のベートーヴェンを聴いていた。彼らが来日した際はコンサートに出かけたが、よかったと思った記憶だけがある。広告のフライヤーを保存していて確認できるのは、もう実際に聴くまでに、最初はレコードで、次にCDで聴いていたアルバン・ベルク弦楽四重奏団である。コンサートでどんな演奏であったか、正確な記憶はない。既に何枚ものCDを聴いていたせいかもしれない。二度コンサートに出かけている。二度目のコンサートは二〇〇一年だったが、ハイドンとベートーヴェン二曲。ベートーヴェンは十五番を聴いたのだが、悪かったはずがないが、既知の演奏を追体験しただけだったのかもしれない。その後は、評判の高いハーゲン弦楽四重奏団も二度聴いた。一度目の印象が薄かった。その日は何かの理由で、よく聴いていなかったとしか考えられないと思い、二度目の二〇一五年には、今度はしっかり聴くつもりで出かけた。ハイドンの五十八番、モーツァルトの二十一番、ベートーヴェンは十四番。結論はあまり面白くない演奏。わたしが最も好きな曲ではない、いうことも関係しているだろうし、聴くわたしが集中力に欠けていたのかもしれない。ただ、第一ヴァイオリンの存在が弱いという印象があった。思えば、アルバン・ベルクの第一ヴァイオリンのギュンター・ピヒラーは、メロディを艶のある音でおもいっきり歌っていた。これがアクセントになり、演奏に立体感が生まれていたのだと思う。ハーゲン弦楽四重奏団の場合、四人は注意深くバランスをとっていたのがわかる。しかし、平板な演奏を聴かされたという気がする。但し、その後CDで、ショスタコーヴィッチの弦楽四重奏曲の演奏を聴いたとき、彼らは、鋭角的な二十世紀の音楽が似合っているように思えたことを付け加えておく。東京クワルテットは三度聴いている。一度目は遥か記憶の彼方だが、いまは使用不可能なカザルスホールでの演奏会。彼らはメンバーの交代が多かったと思うが、ヴィオラの磯村数英は最後まで代わらなかった。わたしが聴いた二度目と三度目は同じメンバーであった。二〇〇七年のコンサートではベートーヴェンの八番「ラズモスキー」が記憶に残っている。二〇一二年、三度目はもう解散を予告した最後のコンサートだった。第一ヴァイオリン、マーティン・ビーヴァーはアルバン・ベルクのピヒラーほど目立たないが、ベートーヴェンの十五番はよい演奏で、彼らの活動の最後にふさわしい終わり方であったと思う。アルバン・ベルクは既に活動を終え、東京クワルテットもなくなるのかと思っていた頃、別の若いグループに気づいた。モディリアーニ弦楽四重奏団である。最初に聴いたのはCDで、ドビュッシー、サンサーンス、ラヴェルを入れたアルバムだが、このCDでラヴェルとドビッシーの四重奏曲については、わたしのもっとも気に入った演奏の一つになった。二〇一五年、彼らのコンサートに出かけた。当日、チェロ奏者の負傷と交代が知らされたが、演奏は素晴らしいものだった。モーツァルトの十五番、ほぼイ短調で統一されたこの曲を、緊迫した美しさで演奏した。そもそもわたしは、モーツァルトの弦楽四重奏は晴朗な爽やかさの十四番とこの十五番、そして「不協和音」と呼ばれる十九番が特に好きで、二十一番以降の四重奏は、平明だがやや退屈だと思っているが、いい演奏に出会えたと思った。これ以降、彼らのCDを入手できるものはすべて揃えることになった。アルバムの企画として出色なのは、『インチュィション』(ミラーレ)でアリアーガ、モーツァルト、シューベルト、この三人が同じ年齢に作曲した作品を集めているものだ。二十歳で亡くなった早熟の天才アリアーガの十七歳の時の作品、『弦楽四重奏曲第三番』が見事である。他の二人より作品の完成度が高く、驚かされる。(その後、第一ヴァイオリンが交代した。シューマンの四重奏曲のCDを聴いたが、選曲も含め、もう異質の四重奏団になってしまった印象を持っている。)

聴きに行ったということは記憶しているが、印象が希薄な来日オーケストラもある。ザルツブルグ・モーツァルテウム管弦楽団、ドイツ交響楽団(当時東ドイツのオーケストラ）、スカラ・フィルハーモニー管弦楽団、サンクトペテルブルグ管弦楽団。室内楽のグループではベルリン八重奏団、レ・ヴァン・フランセ（このなかにフルートのエマニュエル・パユがいる。今聴くならもっと印象に残ると思う）。最後に、実際にコンサートで聴きたかったが、聴き損なったと思う演奏家をあげると、ピアノではもう引退したアルフレッド・ブレンデル、オーケストラではベルリン・フィルハーモニーとミュンヘン・フィルハーモニー管弦楽団。ベルリン・フィルはウィーン・フィル同様、近年、毎年のように来日する。行きたくても行けない日はあったし、指揮者と演目のせいで、行く気にならなかったこともある。

注

（1）二〇一八年、ヤルヴィが、N響でマーラーの『交響曲第四番』を振るのを聴きに出かけた。プログラムには、前半にウィンナ・ワルツが用意されていたが、これにはいささか意図がある。優雅なヨハン・シュトラウスのワルツの後に、ヨーゼフ・シュトラウスのワルツ「うわごと」が演奏された。ここから世紀末のウィーンは始まっており、マーラーの音楽の開始はもうすぐである。マーラーの四番は、彼の作品のなかで、最も穏やかなもの。だが、第二楽章に死の予感が入り込んでいるし、第四楽章の美しい歌の語る天国は、信仰の表明ではなく架空の想像にすぎない。たんに美しい音楽ではないことは明らか。

二〇一九年には、同じくN響で、ヤルヴィの振るマーラーの『交響曲第五番』を聴いた。時に、クラリネット、イングリッシュホルンが、ことさら楽器を上向きにして吹いていたのは、一番に繋がる粗野な音の再現であろう。第三楽章はホルン奏者を座席から立たせ、二列前の脇に出した。この楽章はホルンで始まり、ホルンで終わる。これはホルンがこの楽章の中心であることを、視覚的にもはっきりさせるためである。つまり文字通り「前景化」している。例のアダージェットの楽章は弦の美しさが際立つ。美しさも激しさもあるいい演奏だった。（六番を演奏したコンサートには行きそこねた。）

ちなみに、もう一つの演目は、リヒァルト・シュトラスウの最後のオペラ『カプリッチョ』から最後の場面。主人公が鏡を前に、求愛している詩人（つまり歌詞・詩）と作曲家（つまり音楽）のどちらを取るべきか、自問する独唱の場面である。これを二十分ほどかけて歌うのだが、結論は出ない。オペラの要素である言葉と音楽の結びつきについてのオペラとは、言い換えればオペラについてのオペラである。文学で、詩のタイプとして「詩についての詩」というものも少なくない。これを「メタポエトリー」と言う。それなら、このオペラは「メタオペラ」と言っていいのだろう。この場合の結論は、詩と音楽のどちらか一つを選ぶことはできないということだから、オペラは言葉と音楽を切り離すことはできない、と言っていることになる。この結論が、シュトラウスのオペラにどの程度当てはまるのか、まだわたしにはわからない。

二　オペラはモーツァルトで十分です

オペラの聴き始めは遅い。第一に実際に聴く機会が少なかった。ときに海外からの歌劇団の公演があるが、出かけたのは数回に過ぎない。第一、高額なチケットを一年近く前から購入し、出かけられない事情が発生したらどうなる、という心理が働く。だから好奇心だけで予定は組めない。『オペラの運命』の著者、岡田暁生氏は三年間のミュンヘン留学中にウィーン、ミラノ、パリと頻繁にオペラを観に出かけたという。たくさん観たオペラの記憶は薄れてきたが、覚えているのはオペラの「場の雰囲気」であると言う。オペラの会場の周辺、会場内の人々の姿、上演の時の観衆の反応などと言うものである。こういう人でなければオペラは語れないのだと思う。それでも乏しい経験から、いくらか語ってみようと思う。ウィーンでは国立歌劇場でプッチーニの『蝶々夫人』、フォルクス・オーパーでオペレッタ『メリー・ウィドウ』を聴いた。記憶は鮮明とは言えないが、前者は、わかりやすく、聴きやすいオペラなので、それなりに楽しんだとは思う。ただ、意外な自分の反応は、最後、蝶々さんが自害しようとした場面、突然幼い子が姿を現した時、小刀を隠す動作でホロリときてしまったことだ。自らの感傷性を知らされてしまった。『メリー・ウィドウ』については、こっけいで賑やかな舞台で、音楽は甘くわかりやすく、楽しかったというところか。隣のアメリカ人らしき人が、有名なソロの歌が始まると、小さな声でいっしょに歌いだした。日本人がよく聴きに来ることは知っていたが、アメリカ人も来るのかと思った。

ヨーロッパでのオペラの場の実態の一端がわかる一枚のＣＤをもっている。

一九七六年ミラノ・スカラ座でのヴェルディ『オテロ』のライヴ録音。指揮はカルロス・クライバー、全盛期のプラシド・ドミンゴがオテロ、ミレッラ・フレーニがデスデモナ。冒頭、オーケストラが始まっても聴衆がざわついている。はっきりとはしないが、話し声、足音、椅子が倒れるような音。これが開始して三十分ほど続く。静かになるのはその後、ドミンゴが歌いだしたときからである。このCDには注記がついている。第二幕の冒頭の数小節は聴衆のあいだに口論があり、録音が阻害されたのでカットした、というものだ。呆れた録音で、これはクライバーが発売を許可したものではないだろう。イクスクルーシヴというレーベルでひところ入手できたCDだ。でもここからわかることは、ヨーロッパの聴衆にとってオペラを聴く場が、それなりの階級の人々の社交の場所でもあり、いつもの娯楽の場所であるので、常に傾聴しているわけではないということである。日本の国立歌劇場でどんな場面が展開されているか、行かないわたしはわからないが、海外から来たオーケストラの人間が、日本人の傾聴する態度に感銘をうけた、などと語ることがあるが、日本人は真剣に聴くので喜ばれるわけである。高額なチケットを買い、一年近く待ったとしたら、一音一音聴き逃すまいとするのも理解できるが、楽しいオペラも気を張り詰めて聴き続けるのでは、本当に楽しめるのかどうかを疑う。

一九九五年、プラハ国立歌劇場の来日公演で、モーツァルト『ドン・ジョヴァンニ』を聴いたが印象は薄い。ごく伝統的な演出と音楽だったと思う。二〇〇二年にエクサンプロヴァンス音楽祭の東京公演として『フィガロの結婚』を聴きに行き、初めて指揮者マルク・ミンコフスキを知った。軽快に流すところと、じっくり歌わせるところもある音楽は楽しめた。一九三〇年代に時代を設定したこの演出が、よかったかどうかについて、そのときは判断がつかなかった。他に、コンサート形式でリヨン国立歌劇場の『カルメン』を聴いた。指揮はケント・ナガノ、カルメンはアンネ＝ゾフィ・フォン・オッターだったが、オッターはカルメン役としては理知的にすぎる、という印象を持ったのを覚えている。また、『フィデリオ』のようなさしたる舞台装置を必要としないオペラなら、コンサート形式でも構わないかもしれないが、『カルメン』がこの形式ではつまらない。（ちなみに、その後、DVDの『カルメン』で、エリーナ・ガランチャというカルメンにふさわしい魅力的な歌手を見つけた気がした。）

この作品はミュージカルと言ってもいいのかもしれないが、ミュージカルとしては風刺がきつすぎる、レナード・バーンスタインの『キャンディード』という作品がある。劇作家のリリアン・ヘルマンが台本を書き、詩人リチャード・ウィルバー、小説家ドロシー・パーカーが作詞している点が興味深い（バーンスタインも作詞に加わっている）。元となった作品は、フランスの啓蒙思想家ヴォルテール作、ブラック・ユーモア満載の荒唐無稽な小説『カンディード』である。二〇一〇年、これを日本の舞台で観ることができた。

バーンスタインの弟子、佐渡裕がプロデュースし、指揮したもので、時代設定を一九五〇年代のアメリカにして、巨大なテレビの枠のなかで全ては行われる。この世の全ての事象は最後には最良の結果となる、というある哲学者の楽観主義の教えを素直に信じた主人公が、世界を旅し、信じがたい不運と悲惨を経験するが、最後に主人公はささやかな希望を見出し終わりとなる。この作品にはバースタイン自身の理想主義が反映している。ただ、ワルツありタンゴありといった、才気あふれる多様で短い音楽に、特に強い印象に残るものが少ないのが残念に思える。(2)

二〇一四年に大野和士指揮のフランス国立リヨン歌劇場公演、オッフェンバック『ホフマン物語』を、ローラン・ペリーの演出で観た。過去に愛した三人の女とのいきさつを振り返る詩人の物語を、幻想的な舞台に仕上げていた。一人の歌手が、過去の三人の異なる女性を歌い分けるのが聴きどころか。主人公の歌う「クラインザックの歌」などの面白い音楽、美しい「舟歌」などが聴けるこの恋物語は、興味深いものだった。(この後、この作品が気になり、DVDでフランツ・ウエルザー＝メスト指揮のチューリッヒ歌劇場のライヴ録音を手に入れて観たが、あるいはこちらのほうが、エロスと死が強調されているかもしれない。様々な上演版の一つであるこのオペラと、実際に観たものとの比較が、記憶が不確かで違いが確かめられない。)

限られたオペラの体験しかないのだが、DVDが比較的容易に手に入るようになったので、あれこれ購入し観てきた。実際の舞台では、よほど前の席でなければほとんど見えない歌手の姿が、映像ではよく見えるので、その歌手の演技と表情がわかる。かの名テノール、ホセ・カレーラスは『トゥーランドット』ではただ単に立って歌っているだけだとか、『マクベス』のサイモン・キーリンサイドが演技もうまいとか、オペレッタ『こうもり』でのトマス・アレンがこんな面白い演技もできるのだとかがわかる。平凡だが、芸術家になり損なった青年たちのドラマ、プッチーニの『ラ・ボエーム』は、甘い歌でわたしの感傷をすこし刺激する。人間の一直線な感情の物語のオペラ『蝶々夫人』（アメリカ人に対する皮肉は理解できるが）、同じくプッチーニ『トスカ』、ビゼー『カルメン』では人間の複雑さへの思慮がない（音楽だけをとれば、ビゼーの音楽は鮮烈で好きである）。これらのオペラは、なかに美しいアリアを挟みながら、ただ一途な感情を表現しているだけではないか。ヴェルディの『ラ・トラヴィアータ』（『椿姫』）は、このなかで歌われる「プロヴァンスの海と陸」を聴くだけでいい。ロッシーニの『チェネレントラ』（『シンデレラ』）はすこしバカバカしい気がするし、『セヴィリアの理髪師』はずいぶんけたたましい音楽だと感じる。オペラ好きの人たちは、決してこんなことは言わないだろう。例えば、今日の演出はあの場面が面白かったとか、あのテノールのアリアは素晴らしかったとか、言うのだろう。文学を曲りなりに学んだ者だから、演劇として観てしまい、つまらないとか、バカバカしいとかいう感想が、オペラについて浮かぶのだと思う。

結局、今の時点では、モーツァルトのオペラなら、いろいろな演出で観てみたいと思っている。LDで見始めたのは、ミラノ・スカラ座のライヴ(一九八七年)で、リッカルド・ムーティー指揮『ドン・ジョヴァンニ』だったと思う。ドン・ジョヴァンニをトマス・アレン、ドンナ・アンナをエディタ・グルベローヴァ。再度聴くことはしていないが、品のある舞台だったと思う。同じ指揮者とオーケストラの組み合わせで、『コシ・ファン・トゥッテ』のLDも観た(一九八三年、ライヴ)。また、ウォルフガング・サヴァリッシュ指揮、バイエルン国立歌劇場の『魔笛』のLDを観た(一九八三年、ライヴ)。夜の女王役グルベローヴァのコロラトゥーラ・ソプラノに驚嘆した。

一九九六年『プッチーニ・フェスティヴァル』なるコンサートに出かけた。マリア・グレギナ、ペーター・ドヴォルスキー、シェリル・ミルンズが交互にあるいはデュエットで、プッチーニのよく知られたアリアを歌うのである。『ジャンニ・スキッキ』、『蝶々夫人』、『トスカ』、『ラ・ボエーム』、『マノン・

レスコー』という作品からのアリアを次々に歌うのである。間に歌手の休息を取るため、間奏曲を入れたりしていた。歌手はうまいし、十分楽しめたのは事実である。この種のコンサートは、このアリアは劇のどんな場面に歌われるのか知ってさえいればよい。これらのアリアは、劇の進行があり、大切な場面にとりわけ用意された歌である。オペラが台本に基づき展開される筋の中に、ふさわしい歌が散りばめられた舞台と考え、このコンサートはそれを抜き出したものと考えるなら、全く抵抗はないのである。でも、これらアリアの前後にレチタティーヴォと音楽は流れていたのであり、それは無視してもいいものなのだろうか。例えば、モーツァルトのオペラの主要なアリアを集めて、『モーツァルト・アリアの夕べ』などとしたコンサートを企画するとしてみよう。『フィガロの結婚』から「もう飛ぶまい、この蝶々」、「自分が自分でわからない」、「恋とはどんなものか」を選び、『ドン・ジョヴァンニ』から、いわゆる「カタログの歌」、誘惑の歌「手に手をとって」、復讐を誓う歌「わたしの心の安らぎは」を選び、『コシ・ファン・トゥッテ』から、「風や嵐にもめげず」、「女が十五にもなれば」を選び、序曲を間に挟む。こんなコンサートがあったとして、何か不満を覚えると思う。オペラのなかのドラマの進行と歌は同時であり、立ち止まって聴衆にたっぷり聴かせるアリアだけが大切なのではない。『フィガロの結婚』の開始そうそう、ベットの寸法を測りながら、フィガロは数を数えるだけでもう音楽になっている。あるいは、第四幕、バルバリーナがピンをなくして探しながら歌う、カヴァティーナ「なくしてしまった」など、短いが魅力的な歌は省略されてしまうとしたら、つまらない。要するに、モーツァルトが好きな人間は、オペラなら全体を体験したいのであり、他の交響曲や器楽曲と同じように、ここから一つの楽章だけ抜き出して聴いて、面白みが減じてしまうと感じるのと同じなのである。

いわゆるダ・ポンテ・オペラは、発音が聞き取りやすいイタリア語で歌われていることも、わたしには親しみ易い要因だが、様々な解釈を与えられ、上演されているそのライヴDVDをつい見たくなる。『フィガロの結婚』を例にすこし分析してみる。(3)二〇〇六年の二つの上演で、アルマヴィーラ公爵夫人を同じ歌手、ドロテア・レッシュマンが歌っている。一つはロイヤル・オペラハウスの公演で、指揮はアントニオ・パッパーノ。音楽は比較的早めのテンポで軽快に進む。一八三〇年代のフランスに時代が設定され、エロティックな愛の戯れと駆け引きは十分に表現されている。『たわけた一日、あるいはフィガロの結婚』(4)と最初に表題が付けられたように、目まぐるしく、策略と想定外の成り行きが進行し、怒ったり、悲しんだり、喜んだり、実に忙しい。音楽はそれに対応し忙しく変化する。ドラマの進行をコントロールしているのはスザンナである。夫の愛の喪失を嘆く伯爵夫人は、実は伯爵の小姓であるケルビーノを好きになっていること、もしかしてスザンナは伯爵を好きなのかもしれないことも、演出は表現している。フィガロに、借金返済が不可能なら結婚を、と迫るマルチェリーナが、実はフィガロの母であったというのは、いささか都合がよすぎるが、最後に、好色でかつ嫉妬深い伯爵が、計略にかかった末、反省し、夫人に「許してくれ」と生真面目に歌うのは説得力がある。これでフィガロもスザンナと結婚できるし、形態としてのオペラ・ブッファにふさわしく、めでたしめでたしである。ここではなんとか全てが収まったかに見える。もう一つの演出では、この結末が実に危うい。ザルツブルグ・フェスティヴァルでの、ニコラウス・アーノンクール指揮、ウィーン・フィルの公演は十九世紀末の中央ヨーロッパと設定されている。アーノンクールはやや遅めのテンポで、歌手には聞き手に歌詞がよく聞き取れるように歌わせている。歌手たちは前者ではそれらしく時代がかった服装をしていたが、ここではみんな黒の衣装である。それに、ダ・ポンテの台本には存在しないキューピッドが登場する（学生の制服のようなものを着て、背中に羽をつけている）。このキューピッドが、登場人物の背後に廻り、手を持ち上げたり、身体を動かしたり、時に背中にまたがって行動を邪魔したりする。冒頭、スザンナと伯爵はもう関係が明らかにできていることが示される。伯爵夫人とスザンナが二人でケルビーノに女装させる場面では、スザンナも伯爵夫人もすっかりケルビーノが好きになっていることを、まるでラブシーンのように濃厚に演じている。（ケルビーノはいわゆるズボン役で、女性が演じているので、まるでレズビアンのラブシーンかとふと感じる。）伯爵は手にハンカチを持ち、汗を拭きつつ、絶えずイライラし、夫人とケルビーニの関係に嫉妬し、一方でフィガロと結婚を控えたスザンナに手をだす好色家だ。ここではフィガロは完全な脇役になる。彼はスザンナに動かされるだけである。都合のよい成り行きの、マルチェリーナがフィガロの実の母であるとわかる場面、まさかというように、テンポも遅めに「彼のお母さん？」とスザンナは訝しさを表現する。前者の公演ではテンポも早く、これは驚いたという程度で通りすぎる。最後になんとか折り合いがつき、「許してくれ」

と公爵が夫人に歌い、全ては一応まるく収まったかに見えるが、キューピッドはこの結末に不満で、ケルビーノに同情を示しながら、この場を去る。思春期の、恋に夢中になり、訳もわからず、すぐ女性を好きになるこの少年こそ、キューピッドが認めるエロスそのものである。この演出ではフィガロのスザンナとの結婚も、伯爵の改心も一時的なものに見える。このビデオにはスザンナを演じたアンナ・ネトレプコのインタヴューも収められていて、彼女は「人間はそれぞれ違うものです。だから、一人の人間が同時に幾人ものの人を愛することもありうるのです」と語っている。彼女は演出の意図をよく理解している。結婚制度は社会が必要とするもので、愛あるいはエロスの要求はそれと必ずしも一致しない。アーノンクールの『フィガロの結婚』は演出のクラウス・グートとともに、モーツァルトの愛の認識の可能性を深く解釈している。この演出は、原作の曲解だという意見もあるかもしれない。でもありうる解釈と思う。

思うに、『ドン・ジョヴァンニ』の主人公は魅力的なワルである。レポレロの「カタログの歌」はわたしたちを笑わせてくれるが、そこで歌われているように、彼は全ての女性に手をだすが、全ての女性に何らかの美質を見出す男でもある。彼が誘惑する歌や、窓辺のセレナーデには何か真実めいたものも聞こえる。婚約者に、殺された父の復讐を誓うことばかり要求し、結婚を延期するドンナ・アンナ。裏切られてもなお、ドン・ジョヴァンニに、心を入れ替えて、自分への愛情を取り戻すことを期待したドンナ・エルヴィラ。彼女たちはこのワルを簡単に忘れられそうにない。

『コシ・ファン・トゥッテ』（女はみなこうしたもの）は、男女の愛の不確かさを、非常に巧みにオペラにしたものである。戯れに始まった、愛し合う恋人を入れ替え、不動の愛を確かめようとする試みは、最後はあたかもめでたく収まったかに見えるが、取り替えられた相手を、意に反して好きになってしまった二組の男女に、深い傷を残しただろう。元の鞘に収まったからめでたい、と理解するのは、あまりに安易な解釈である。タイトル通り「女はみなこうしたもの」と言っているだけでなく、「男もみなこうしたもの」とも暗示しているのである。モーツァルトは三十歳そこそこで、複雑な愛の心理を理解していた。もちろん台本はダ・ポンテのものだが、それを理解し巧みに音楽にしたのはモーツァルトだ。セリフに対応した多様な変化する音楽を使い分け、隙なく進行するモーツァルトのダ・ポンテ・オペラは、わたしにとって特別なオペラである。

注

（2）バーンスタイン自身が、一九八九年にロンドン交響楽団を指揮した、演奏会形式の『キャンディード』の映像記録がある（Leonard Bernstein, *Candide* DG,1991）。このDVDを見て補足すると、この物語の進行で笑いを誘うのは「そうこうするうちに」（'meanwhile'）と語りを入れた後に、事態はとんでもない、あるいは信じがたい進行をしていることである。（もっとも、ヴォルテール『カンディード』にある殺戮、レイプなどの蛮行のあからさま出来事の、意図的にそっけない描写は、『キャンディード』ではほとんど省略されている。）それにしてもこれは熱烈な演奏会の記録である。彼は、演奏の合間にヴォルテールについてレクチャーし、作曲の経緯について語る。マッカーシズムの時代にリリアン・ヘルマンと共同で台本を書きだし、詩人たちの協力を得て制作したこと。不寛容な時代の実態とそれへの批判を語り、寛容と民主主義を強調する。スピーチは、彼が音楽家であるとともに、現代の啓蒙思想家役を果たそうとしていたことを示している。

（3）比較しているDVDは次の通り。
The Royal Opera, Mozart, *Le Nozze di Figaro*, (Opus Arte, 2006)
The Salzburg Festival, Mozart, *Le Nozze di Figaro*, (DG, 2006)

（4）この表題は、原語との対訳になっている、名作オペラブックスシリーズ・アッティラ・チャンバイ編『モーツァルト・フィガロの結婚』音楽之友社、一九八七）に従っている。他の箇所でのアリアの表記も、これに従っている。

三　協奏曲と室内楽の楽しみ

音楽の家庭での再現はどこまで可能なのか、わたしにはよくわからない。再生する装置がよければ可能なのか。大規模な編成のマーラーの交響曲の二番、あるいは三番はどんな再生装置なら可能なのか、平凡な再生装置で音楽を聴いているわたしは、よくわからない。ただ家庭でも可能だとして、例えばCDでその音を再生する場合、よいリスニングルームでも備えていなければ、適正な音量を確保できない。コンサートホールでの、微細な音から会場が割れんばかりの大音響を聴く部屋を備えていなければならない。これは誰にでもできることではない。もう一つは持続する妨げられない時間の確保である。佳境に入ったところで対応に出なければならない事態が起きたら、音楽の流れは絶たれる。音楽の純粋持続とも言うべき時間を確保するのはかなり難しい。

コンサートに数多く出かけていれば、再生する音楽の音量がどのぐらいのものかがわかる。かつそれがさほど長くなければ、途切れない時間を確保できるかもしれない。もちろん、モーツァルトのピアノ協奏曲とブラームスのピアノ協奏曲を比較すれば、必要な時間も、必要な音量も異なる。前者なら室内楽を聴くと同じような時間と音量を確保すればいいので、聴く機会の確保がより容易である。

モーツァルトのピアノ協奏曲はレコードを聴いた時代からよく聴いてきたが、コンサートで意外に特に印象に残った演奏に出会わない。あるいは、先に数多く聴いたので好みがうるさくなってしまったのかもしれない。かつて、イーゴル・マルケヴィッチ指揮、ラムルー管弦楽団、ピアノ、クララ・ハスキルの二十番と二十四番のレコードを聴いていた。その後、CDで、アバド指揮、ロンドン交響曲楽団のルドルフ・ゼルキンの演奏を聴いた。素朴でさりげない魅力があった。その後よく聴くのは、ピリスが弾くもので、アバド指揮のウィーン・フィルかヨーロッパ室内管弦楽団と演奏したものは、軽やかで素晴らしい。あるいは、アルフレッド・ブレンデルのピアノでチャールズ・マッケラス指揮のスコットランド室内管弦楽団のものもよく聴く。これはオーケストラの低弦がすこし強いので、短調の曲が特に合っている。十七番、二十番、二十一番、二十三番、二十四番、二十七番がわたしの好みである。これに加えて特筆したいのが、二〇〇八年にブレンデルが引退を宣言し、マッケラス指揮、ウィーン・フィルと演奏した九番（「ジュノム」）のライヴ録音で、二楽章には繊細な美しさ、歌心が溢れている。この録音では、わたしには、グレン・グールドのように、ブレンデルが、微かに歌っている声が聞こえる気がする。三楽章ではウィーン・フィルのサポートも繊細に軽やか

に曲を終える。わたしにとってこれは最も大切な録音の一つである。(5)

岡田暁生は『西洋音楽史』のなかで、古典派の音楽は、公的な場で多くの聴衆に聴かせることを前提にした音楽になっていった時期であり、公的なものと私的なものの均衡が取れていると説明する。そしてハイドンとモーツァルトの交響曲にある「公的な晴れがましさ」と「私的な親しさ」との均衡を語っている。協奏曲もその意味では類似しているので、ここに開かれた音楽が実現したと説明している。一方、ロマン派の音楽は「内面感情への過剰な耽溺」と「外面への過剰な自己顕示」に分裂していると言う。わたしは、この二つの要素が、異なる割合ではあるがはっきり認められるのは、ショパン、シューマン、シューベルト、だと思っている。(リスト、チャイコフスキー、その後のロマン派ラフマニノフは、外面への自己顕示しかないと思うのは偏見か。)

古典派の実例曲として岡田が挙げるのは、モーツァルトの『ピアノ協奏曲第二十五番』である。この曲は輝かしいトランペットを含む管弦楽で始まり、そこにピアノが入って来る。ときにピアノは少しの陰りを見せるが、続くピアノの活躍はきっぱりと陰りを追い払う。実例としてなるほどと思われる。室内楽が親しい友人あるいは小さなサロンのようなところで始まり、その場で主に楽しまれたのに対し、もっと多くの聴衆、あるいは公共的な場での演奏に音楽の発表が移るにつれ、華やかな表現が必要になり、表現が幅広くなる、一方で緩徐楽章では、ふと私的な情緒を打ち明けるか、あるいはあたかも打ち明けているかのように感じられる箇所がある、ということだろうと、わたしには思える。わたしには、モーツァルトのピアノ協奏曲にはその要素がいっぱい含まれていると感じる。

協奏曲はオーケストラとソロの対話の面白さがポイントである。サポートが巧みなオーケストラが、ソロを支える。モーツァルト以外では、ブラームスのピアノ協奏曲、どちらかと言えば二番がピアノの聴きどころが多い。ほかのお気に入りはラヴェルの二つのピアノ協奏曲。ベートーヴェンの『ピアノ協奏曲第四番』そして三番も、爽快でかつ、緩徐楽章は詩的で美しい。『ヴァイオリン協奏曲』に関しても、ベートーヴェンはこのピアノ協奏曲に似て美しく爽快。ブラームスも魅力的だと思う。バルトークには興味深い『ヴィオラ協奏曲』がある。チェロ協奏曲は、明快なハイドンが楽しいが、最近はショスタコーヴィチのチェロ協奏曲が、実に面白いものだと感心して聴いている。ユーモラスともアイロニカルとも言える要素に富んでいて、知的だ。第一番の第三楽章がチェロのカデンツァでなるこの演奏を、コンサートで、名手による演奏を是非いつか聴きたい。ショスタコーヴィチの協奏曲は、ヴァイオリンもピアノも面白い。特にピアノ協奏曲の第二番は、はずむようなリズム、飛躍の多いメロディにシンプルだが美しいメロディが入り込む。変化に富みスリリングだ。ただまだコンサートでは聴いたことがない。(6)

まれに聴いて、その都度何か不満を残すのがシューマンの協奏曲。ピアノ、ヴァイオリン、そしてチェロの協奏曲も、第一楽章が濃いロマンチックな情緒的表現で始まるのに、終楽章がもたつく、あるいは軽すぎて妙な感じに襲われる。終楽章で、あれ、これで終わるのと感じてしまう。これらに比べると『ピアノ五重奏曲（作品四十四）』がうまくまとまったすぐれた作品に思える。（これには、ピアノ、マルタ・アルゲリッチ、チェロ、ミッシャ・マイスキーらの名演のライブ録音CDがある。）

ひとりで家庭の平凡な再生装置で十分楽しめる室内楽の種類は多い。しかも、これらはすべて家庭でCDを再生するのは容易である。所要時間が比較的短く集中がしやすい。好みのものを挙げていくと、モーツァルトのピアノ・ソナタ、ベートーヴェンのピアノ・ソナタ、ブラームスのピアノの小品、モーツァルトのピアノとヴァイオリンのためのソナタ、ラヴェルのピアノとヴァイオリンのためのソナタ、シューベルトのピアノ三重奏曲、ブラームスのピアノ三重奏曲、ラヴェルのピアノ三重奏、シューベルトのピアノ五重奏曲、ハイドンの弦楽四重奏曲、モーツァルトの弦楽四重奏曲、ベートーヴェンの弦楽四重奏曲、ブラームスの弦楽六重奏曲、モーツァルトのクラリネット五重奏曲、ブラームスのクラリネット五重奏曲などだが、これらにプーランクの六重奏曲を加えたい。(7)

このジャンルでは、異なる楽器の演奏の出入り、時間の流れに沿った重なりがわかりやすい。オーケストラの場合、音は集合体として聞こえることが多く、楽器の出入りは、独奏パートが出てこないとよくわからない。コンサートに行けばある程度はそれが眼で確認できる。室内楽の場合ならよりわかりやすい。例えば、弦楽四重奏なら、二つのヴァイオリン、ヴィオラ、チェロがどう入り、どう主旋律と伴奏を勤めているか、あるいは入れ替わるか、眼でも確認しやすい。集中すれば、このジャンルが、時に二人あるいは四人の、会話ないし対話を形成し、熱を帯びると時に議論のような性格を帯びるのがわかる。この成り行きが、どんな結論へと導かれるか、スリリングなものである。これが少なくとも十九世紀までの弦楽四重奏の面白さで、ここには何か楽しみ以上のものがある。先に言及したモーツァルトに加えて、ベートーヴェンは、「ラズモスキー」の三曲、そしてやや軽快な十番（「ハープ」）、深みがあり聴き応えのある十五番、また多数の曲で全てはとても聴けないが、整然としたハイドンからは緊張感のある七十六番「五度」、そして明快な七十八番（「日の出」）、また、ブラームスは二、三楽章の優美さ故に二番を選ぶ。また、一曲しかないラヴェルは繰り返してＣＤを聴いてきた。この楽しみは捨てがたい。

音楽の好みは、若い頃の体験に縛られると同時に、年を経て変化することもある。ごく若い頃、ドイツ語がわからないのにシューベルトの歌曲を聴いていたが、後に『冬の旅』などは、深刻ぶりが不快で聴きたくなくなった。他のジャンルも遠ざかっていたが、ここ二年でシューベルトの室内楽の聴き直しをした。そしてメロディが主体のシューベルトの音楽も捨てたものではないと思い直した。かつては『弦楽四重奏曲第十四番（死と乙女）』の第二楽章の変奏曲がひどく通俗的に感じたものだ。歌曲「死と乙女」の変奏曲であるので、歌謡性はあたりまえと言えるが、通俗性すれすれの歌謡性に思える。まるで自らの悲惨な心境に浸って慰めているかのようだ。それでも、次々とメロディが浮かんで来るのはやはり大変な才能だと思う。それが一方では、例えば、『グレート』とも言われる最後の交響曲で、メロディに固執し、延々と繰り返し、どう決着をつけたらいいのか自分でわからなくなってしまうことにも通じている、と思う。そしてこれが近年の認識の大切な部分だが、ブレンデルあるいはヴァレリー・アファナシエフでピアノ・ソナタの第二十一番を聴くと、晩年のシューベルトのある種の暗い凄みが感じられる。冒頭、メロディが弾かれてすぐ続く低音の陰気なトリルが、この曲の方向を予告する。音楽の進行に破綻をきたしているような曲なのに、その音楽には暗く深い底なしの孤独が潜んでいると感じる。弦楽五重奏曲にしても、最後の交響曲も、メロディ主体の音楽でどこまでそれを深化させることができるか、最大限の苦闘だったのかもしれない、と今は考えている。

シューベルトの室内楽作品で、以前から気になっていたピアノ三重奏曲がある。ピアノがアシュケナージ、ヴァイオリンがズッカーマン、チェロがリン・ハレで聴いていたが、シューベルトの室内楽の聴き直しをするうちに、このピアノの演奏は好ましくないと感じるようになった。この曲でピアノが前面に出て、強く輝かしくてはいけないのだ。そこでいくつか探して聴いて満足したのはピアノがフランク・ブラレイ、ヴァイオリンがルノー・カプソン、チェロがゴーティエ・カプソンの組み合わせだった。これをきっかけに、別の気になっていたブラームスの弦楽六重奏曲をルノー・カプソンがヴァイオリンの演奏を探すと、二〇一六年のエクサンプロヴァンス・イースター・フェスティヴァル、ライヴ版という、見事な演奏を見つけた。ヴィオラがジェラール・コセ、チェロがゴーティエ・カプソン、ほかの演奏である。かつて、ヴァイオリンのメニューイン、チェロのジャンドロンを中心とした名高い演奏を聴いていたが、ヴァイオリンの音が硬いのが気になっていて、もっとよい演奏がないかと、いくつか他の演奏を探し聴いていた。演奏の善し悪しの印象は、録音の技術とCDの音質の向上にも影響されるかもしれないのだが、過去のいわゆる名演にこだわるより、現在のよい演奏を聴きたいといつも思っている。モーツァルトの『ピアノとヴァイオリンのためのソナタ』はデュメイ、ピリスの組み合わせの四曲収録のCDで聴いて、気に入っていたが、その後の録音がない。ピリスは引退したのだからもう望めない。最近、ピリオド楽器による演奏で、イザベル・ファウストとアレキザンダー・メルニコフのモーツァルトを聴いてみたが、ピリオド楽器に慣れていないわたしには、ファウストの奏法に不満が残る。

コンサートに出かけて聴く、家でCDを聴く、この両方の相互作用によって音楽の聴き方は深化すると思う。例えば、二〇一八年に、ドビュッシー没後一〇〇年となる節目『ドビッシーの室内楽回顧展』として小ホールでのコンサートがあった。年代順に主な室内楽を並べた啓蒙的とも言えるコンサートであった。もともとドビュッシーは、わたしにとって弦楽四重奏曲が好きなくらいで、普段他に聴く曲は少ないのだが、このコンサートの『フルート、ヴィオラとハープのためのソナタ』の個性的な音階と楽器の組み合わせで作り出す神秘的な空気、『チェロ・ソナタ』の地味だが深みを感じる音楽は大変魅力的であった（ハープは吉野直子、チェロは遠藤真理、ほかの演奏）。色彩的で感覚的な管弦楽曲とは異なるドビッシーの音楽を認識した。このようなプログラムの特徴が明確なコンサートこそ聴きたいものである。このせいでまた一枚、ドビュッシーの室内楽のCDを探すことになった。ドビュッシーの室内楽を集めた一枚のアルバム『ドビュッシー・ソナタとトリオ』（エラート）で満足している。フルートがエマニュエル・パユ、ヴィオラがジェラール・コセ、ハープがマリー＝ピエール・ラングラメそしてチェロはエドガー・モローという組み合わせである。

振り返ってみると、比較的近くの小ホールでの室内楽のマチネに近年よく聴きに行っている。それらのコンサートの演奏家たちは、必ずしも国際的に著名な演奏家ばかりではない。国内でソロ活動している、あるいは神奈川フィルハーモニー管弦楽団のメンバーだったりする。彼らは十分に訓練を積んだ演奏家であり、その演奏は楽しめる。このマチネで、メンデルスゾーン『弦楽八重奏曲』、シューベルト『弦楽八重奏曲』、ブラームス『ピアノ三重奏曲第一番』、ラヴェル『ピアノ三重奏曲』、シューマン『ピアノ五重奏曲』、シェーンベルク『浄夜』などを聴いた。コンサートの宣伝文句に時にある「巨匠の一期一会のコンサート」などに、実際は滅多に出会うことはないので、日常的によい音楽を聴くのが音楽の楽しみ方だと、わたしは思っている。

注

（5）ちなみに、モーツァルトの交響曲の二十四番以降を揃えて聴き、まだ手離さないのは、チャールズ・マッケラス指揮、プラハ室内管弦楽団のCD。近年気にいったのは、ミンコフスキ指揮、レ・ミュジシャン・ドュ・ルーブルの四十番と四十一番。モーツァルトの交響曲は、豪華なサウンドで鳴らせばよいというものではない。

（6）ベートーヴェンの『ピアノ協奏曲第四番』に加えて三番は、ピアノがブレンデルで、サイモン・ラトル指揮、ウィーン・フィル、ヴァイオリン協奏曲は、デュメイの弾き振りによるヴァルソヴィア・フィルがいい。ブラームスのヴァイオリン協奏曲は、ヴァイオリンがヴィクトリア・ムローヴァで、アバド指揮、ベルリン・フィルがいい。バルトークのヴィオラ協奏曲は今井信子がソロの演奏がいい。ショスタコーヴィチのチェロ協奏曲には、最高の技術が必要だろう。第一番はスティーヴン・イッサーリスがヤルヴィ指揮、フランクフルト放送管弦楽団をバックに弾いているものがいい。第一番、第二番の二つを聴くなら、カプソンがヴァレリー・ゲルギエフ指揮、マイリンスキー歌劇場管弦楽団をバックに弾いている。ショスタコーヴィッチのピアノ協奏曲第二番は、テオドール・クルレンティス指揮、ピアノがメルニコフ、マーラー室内管弦楽団の演奏が面白い。更に付け足すなら、サンサーンスのピアノ協奏曲、ヴァイオリン協奏曲も時々聴きたい曲である。

（7）モーツァルトのピアノ・ソナタはほとんどピリス、ベートーヴェンのピアノ・ソナタはブレンデル、曲によりアファナシエフで聴く。ブラームスのピアノの小品はアファナシエフがいい。ブラームスのピアノ三重奏曲はデュメイ、ピリスに、チェロがジャン・ワンが入ったものがよい。ラヴェルの室内楽は、カプソン兄弟とブラレイの組み合わせがよい。シューベルトのピアノ五重奏曲（「鱒」）はピアノがブレンデル、ヴァイオリンがツェトマイヤー、ジンマーマンなどの演奏がいい。ハイドン、モーツァルトの弦楽四重奏曲は、ほとんどアルバン・ベルクで、ベートーヴェンなら、アルバン・ベルクあるいは東京クワルテットもいい。モーツァルトの『クラリネット五重奏曲』、ブラームスの『クラリネット五重奏曲』の演奏に、アルフレッド・プリンツとウィーン室内合奏団の演奏は忘れられない（古い録音がリマスターされている）。軽いが味のある室内楽にプーランクの作品も魅力的である。『六重奏曲』はピアノ、フルート、オーボエ、クラリネット、コルネットとバスーンで構成。他に『フルートとピアノのためのソナタ』、『オーボエとピアノのためのソナタ』など魅力的な作品が、プーランク『室内楽全集』（エラート）として出ている。ピアノがル・サージュ、フルートがパユ、オーボエがルルーなどによる。

先に言及した、モーツァルトのディヴェルティメント、シューベルトの八重奏曲は、結局、ヘッツェルが録音に残したウィーン室内合奏団のＣＤを何度も聴いている。

Ⅱ　楽曲に寄せるショートショートエッセイ

ハイドン

『交響曲第九十四番「びっくり」』

不意打ち

晴朗さに満ちた音楽。頭と心をリフレッシュしてくれる交響曲。ミンコフスキ指揮の演奏する第二楽章、次に鳴ると予期した大音響が、楽団員の「ヤッ」という肉声に置き換えられたとき、ホールに笑いが起こり、わたしも笑った。ミンコフスキの機知に溢れた不意打ちに脱帽。

［CD、ウィーン・ライヴ］マルク・ミンコフスキ指揮、ミュジシャン・ドュ・ルーブル

モーツァルト
『ヴァイオリン・ソナタ　ホ短調　K・三〇四』

失意

どうしたのだろうか。ここでは、楽しく陽気な音楽は影を潜め、まるで傷心を打ち明けるかのような悲しい音楽がある。若い天才にもあった、思いがけない失意なのだろうか。

［CD］（ヴァイオリン）オーギュスタン・デュメイ、（ピアノ）マリア・ジョアン・ピリス

モーツァルト
『協奏交響曲　K・三六四』
対話

二楽章アンダンテのヴァイオリンとヴィオラは、深く理解し合った男と女の親密な対話のようだ。こんな瞬間があったかもしれない、あるいはあるかもしれないが、長くは続かない。だが、音楽の中では何度でも繰り返すことができる。

［CD］（ヴァイオリン）ギドン・クレーメル、（ヴィオラ）キム・カシュカシャン／ニコラウス・アーノンクール指揮、ウィーン・フィルハーモニー管弦楽団

モーツァルト
『ピアノ協奏曲第十七番　K・四五三』

歌声が聞こえる

軽やかで遊びがいっぱいの曲。第三楽章のピアノを聴き、パパゲーノがもうここで歌っているではないか、とふと思う。

[CD]（ピアノ）マリア・ジョアン・ピリス／クラウディオ・アバド指揮、ヨーロッパ室内管弦楽団

モーツァルト

『ロンド　イ短調　K・五一一』

パーティーのあとで

パーティーは終わりだ。大勢の友は去り、あの賑やかな語らいと喧騒は消えた。彼はひとりになり、いつのまにかピアノに向かい弾いている。こんなふうに。

［CD］（ピアノ）アルフレッド・ブレンデル

モーツァルト
『弦楽五重奏曲　ト短調　K・五一六』

疾走する馬車

解決のできないもつれた悩みを抱えたまま、彼を乗せた馬車は疾走する。なぜそんなに急ぐのか。気がつけば、自らがやがて埋葬される地に、馬車は止まっているではないか。彼はそこにしばらく佇むが、まだなすべき仕事があると気を取り直し、馬車を仕事場へとゆっくり向かわせる。

［CD］（第二ヴィオラ）マルクス・ヴォルフ、アルバン・ベルク四重奏団

モーツァルト
『弦楽三重奏のためのディヴェルティメント　K・五六三』

青空

雲ひとつない青い空、どこまでも、どこまでも澄み渡る青く淡い空。こんな清々しい美しさに、なぜか僅かに滲む悲しみ。あるいは、この美しさが悲しみに似ているのか。

［CD］（ヴァイオリン）ギドン・クレーメル、（ヴィオラ）キム・カシュカシャン、（チェロ）ヨーヨー・マ

モーツァルト

『ピアノ・ソナタ第十七番　K・五七六』

最後のピアノ・ソナタ

ピアノ・ソナタなんか、彼にはいくらでも
作れる。これも簡単に作った。でも、第二
楽章アダージョで、寂しい内心をついふと
漏らしてしまった。最後にいつものように
軽快に終わらせることはできた。なるほど
軽快だが、寂しさは残してしまった。

［CD］マリア・ジョアン・ピリス

モーツァルト
『クラリネット協奏曲　K・六二二』

抱擁

第二楽章アンダンテ。クラリネットの調べに、過去の喜びも悲しみも同時に溶け合っていくようだ。穏やかに過ぎた時を抱擁する、まるで自らの人生を最後に抱擁するかのように。

［CD］（クラリネット）アルフレッド・プリンツ／カール・ベーム指揮、ウィーン・フィルハーモニー管弦楽団

ベートーヴェン
『ピアノ・ソナタ第二十六番「告別」』

別れ

そうですか、やはりもう彼の地に行かれるのですね。残念です。わたしたちは親しくよい時を分かち合いました。それも、もう終わりです。でも再会する機会が必ずあると信じます。さようならとは言いません。どうかお元気で。ではまた。

［CD］アルフレッド・ブレンデル

ベートーヴェン
『弦楽四重奏曲第七番、第八番「ラズモスキー」』

陶酔ではなく覚醒

音楽を聴くことは感覚に身を委ねて陶酔することではない。感覚を研ぎ澄ませて意識を覚醒することだ。この四重奏は、聴き手にそのための集中を要求する。耳を澄ませ、この論理の展開を聴き逃すな。そうすれば、意味は自ずと明らかになる。

[CD]東京クワルテット、(第一ヴァイオリン)マーティン・ビーヴァー

ベートーヴェン
『ピアノ・ソナタ第三十番〜第三十二番』

強靭な意志

論理と意志で構築した強靭なソナタを書いてしばらくして、さらりと素直に歌を奏でる。次に、蓄えられてしまった嘆きをたっぷりとさらけ出す。それでも尚、強い意思を持って居住まいを正す。決して敗北しない男。人はこのように生きられるのか。苦難をいつも乗り越え、こんな強靭な男になることは可能なのか。

［CD、東京・ライブ］（ピアノ）ヴァレリー・アファナシエフ

シューベルト
『ピアノ三重奏曲第二番　D九二九』

歌

小川が踊り流れるような『ピアノ五重奏曲「鱒」』、躍動する歌はあんなに楽しかったのに。二楽章、チェロは寂しい歌を奏でる。四楽章で元気を出そうとしても、寂しい歌に取り憑かれ、繰り返してしまう。

[CD]（ピアノ）フランク・ブラレイ、（ヴァイオリン）ルノー・カプソン、（チェロ）ゴーティエ・カプソン

シューベルト
『四つの即興曲　D九三五』

不幸な才能

弦楽であれ、ピアノであれ、彼の音楽はすべて歌だ。尽きることのない歌う才能は、もう最後に近づいたかのように、ひたすら悲しい歌を繰り返す。この才能は不幸の別名か。

［CD］（ピアノ）アルフレッド・ブレンデル

シューベルト
『弦楽五重奏曲　D九五六』

歌を越えるもの

歌を失わず、歌い続けてそれを超えるものを探す。執拗に歌い続けてどこかに突き抜けようとする。解決はどうしてもできないけれども。

［CD］（チェロ）ハインリッヒ・シフ／アルバン・ベルク四重奏団

ビゼー

『ハ長調の交響曲』

青春

少年は、五月の爽やかな緑の森のなかを、馬に乗ってかけていく。眩しい光が溢れ出すとき、馬は草原を疾走する。草原を出て丘の上から見渡せるのは、青い海。彼は馬を停めて、しばらく海を見つめて佇む。そして再び馬を走らせる。

［CD］シャルル・デュトワ指揮、モントリオール交響楽団

ブラームス

『クラリネット五重奏曲　作品一一五』

寂しい音色

くぐもった灰色の寂しい音色をクラリネットは奏でる。ヴァイオリンとチェロにつきそわれ、寂しく歌う。ある瞬間には耐えられなくなり、ほとんど叫びそうになるのをこらえている。寂しさを必死に耐えている。いや、寂しさに耐えているのはわたしだ。

［CD、ウィーン・ライヴ］（クラリネット）ザビーネ・マイヤー／アルバン・ベルク四重奏団

ブラームス
『三つの間奏曲　作品一一七』

秋めく

季節は急激に秋めく。肌寒い風を感じながらわたしはひとり歩く。あなたが亡くなったのは昨日のように思えるし、遥か昔のことのようにも思える。あなたは、やがて、時折思い出して聴くこの音楽のように、時折思い起こす記憶のなかに送りこまれてしまうだろう。

［CD、東京・ライブ］（ピアノ）ヴァレリー・アファナシエフ

マーラー
『交響曲第五番』

溺れそう

陰気で切迫感に満ちた行進曲とささくれた混乱。ホルンに導かれて一息つくと、このあとのアダージェットは濃厚な美の海だ。わたしはこの美しい海にほとんど溺れそうになる。だが、最後にはアイロニーを込めて突き放し、わたしをどうにか救い出してくれる。

[CD] ジョゼッペ・シノーポリ指揮、フィルハーモニー管弦楽団

マーラー

『交響曲第六番』

ざわめく心臓

例の暗い激烈な行進曲。幾分か狂気じみた混乱の後に、優しさの表明。だが、すこし皮肉めいて歪んでいる。怖いのは最後だ。次に来るとわかっていて、ハンマーの打音にわたしは怯える。強打されたとき、わたしの心臓はざわめく。そして止めを刺されるような終止。こんなふうにわたしの生は絶たれるのかと思う。

［DVD］パーヴォ・ヤルヴィ指揮、フランクフルト放送交響楽団

ラヴェル

『弦楽四重奏曲』

異世界

悲しみだとか労苦とかいうものをすべて忘れ、ちょっと気取って、颯爽とエレガントに、異世界に旅する。月まで行こうというわけでもなく、想像上のある時空の小旅行に出かけよう。けっこうスリリングなものさ。

[CD] モディリアーニ弦楽四重奏団

ラヴェル

『ピアノ協奏曲　ト長調』

アレグラメンテ

鞭のひと打ち、と言っても馬を走らせるのではなく、オーケストラを走らせるのだ。活発なジャズにのせて、でもエレガントに調教して、ポエジーを忘れずに、最後は思いっきり鳴かせて終わらせる。

［CD］（ピアノ）ピエール＝ロラン・エマール／ピエール・ブーレーズ指揮、クリーブランド管弦楽団

、ラヴェル
『ヴァイオリンとピアノのためのソナタ』

ブルース

こんなに魅惑された「ブルーズ」にまとわりつくものを振り払い、ピアノはスウィングして、ヴァイオリンは「ブルース」を奏でる。でも、どうしても磨かなくては気がすまない。そうしなければ、自分の音楽ではない。

［CD］（ピアノ）フランク・ブラレイ（ヴァイオリン）ルノー・カプソン

プーランク
『二台のピアノのための協奏曲』

美味しい音楽

ひとしきりはしゃいだあとで、モーツァルトと誰かの
シャンソンを合わせたようなピアノの調べ。ピアノを
管弦楽で挟んだこのサンドウィッチはとても美味しい。

（ＣＤ）（ピアノ）エリック・ル・サージュ、フランク・ブラレイ
／ステファヌ・ドゥネーブ指揮、リエージュ・フィルハーモ
ニック管弦楽団

プーランク
『オーボエとピアノのためのソナタ』

遠い記憶

オーボエの音から、遥か遠くの記憶がたちあがる。懐かしいような、悲しいような、霞のかかった少年時代の記憶。はっきりとしてきたかと思うと、消えてしまう。見えそうで見えない。

［CD］（オーボエ）フランソワ・ルルー、（ピアノ）エリック・ル・サージュ

リヒャルト・シュトラウス
『バラの騎士・組曲』、
郷愁のワルツ

繰り返されるワルツは老いていく者にふさわしい。ホルンを吹き鳴らして虚勢を張り、少しばかり若い振りをするのはやめよう。わたしもやがて過ぎ行く老人だから、この優雅なワルツを愛する。

［CD］アンドレ・プレヴィン指揮、ウィーン・フィルハーモニー管弦楽団

リヒャルト・シュトラウス
『四つの最後の歌』

最後の歌

ウィーン・フィルを振りながら、彼は胸ポケットから懐中時計を取り出し、しきりに終わる時間を気にしていた。トランプ遊びにいく時間が迫っていたのだ。こんな男の最後に残した音楽のなんという美しさ。『四つの最後の歌』から、シュヴァルツコップが「眠りに就こうとして」を歌うのを聴き、決してありえない、甘美な死を夢想してしまう。

［CD］エリザベート・シュヴァルツコップ／ジョージ・セル指揮、ベルリン放送交響楽団

バルトーク
『弦楽四重奏曲第四番』

断固として現代的

古典的なジャンルを独自なスタイルにしようとする、その決意と意志の強烈さ。不協和音と無調への志向。弦と弓を酷使する激しいピッチカート、コル・レーニョ。滲み出る民族的出自にもかかわらず、二十世紀の不安と憂愁は十全に表現されねばならない。

［CD］アルバン・ベルク四重奏団

バルトーク
『弦楽のためのディヴェルティメント』

快速列車

風景がどうにか見えるほどの速度で、列車は快適に走る。揺れは極めて少なく、速度を緩めたところでは、故郷に似た風景が見える。再び速度を早めると、乗客は風景の記憶をとどめながら、この快速列車に身を委ねる。

［CD］パーヴォ・ヤルヴィ指揮、NHK交響楽団

ショスタコーヴィチ
『室内交響曲　作品一一〇のa』＊

痛いほどの悲しさ

カカオ一〇〇パーセントのチョコレートが苦すぎて食べられないように、一〇〇パーセントの悲しみの音楽は聴けない。時に、悲しみには一〇パーセントもの甘味が混じる。だが、この曲は悲しさだけでできている。痛いほどの悲しさだ。

＊これは『弦楽四重奏曲第八番』をルドルフ・バルシャイが室内オーケストラ用に編曲したもの

［CD］ルドルフ・バルシャイ指揮、ヨーロッパ室内管弦楽団

あとがき

少年のころから慣れ親しんだクラシック音楽は、わたしにとって自然なものだった。小学生のころ、家の居間に正方形の木製の箱が置かれていた。蓄音機である。ハンドルを回してゼンマイをまくのだが、これが緩むと珍妙な音になる。慌ててハンドルを回すと、音は回復する。蓄音機のそばに、分厚い写真アルバムのような、『未完成交響曲』と書かれたレコードが、置いてあったのを記憶している。わたしは、いたずらをして、重いアームに短くて細い金属製の針をつけて、レコードをかけることを覚えた。家ではだれかがタンゴとかシャンソンをかけていたのを覚えている。わたしが記憶しているそのころ聴いた音楽は、チャイコフスキー『イタリア奇想曲』。先日、ユーチューブで探して聴いてみた。間違いない。でも、なんというつまらない曲か。その後は、中学生になったころだろうか。兄が用意したステレオ装置で、聴かせてもらったか、勝手にかけて聴いたのかわからないが、ブルーノ・ワルター指揮、コロンビア交響楽団のベートーヴェン『交響曲第六番「田園」』そしてピエール・モントゥー指揮、ロンドン交響楽団(?)のベートーヴェン『交響曲第三番「英雄」』を聴いた。トスカニーニの第五を聴いたのはおそらくその前だろう。モーツァルトもシューベルトも聴いたと思うが、誰の演奏で何を聴いたか思い出せない。いずれにせよ、クラシック音楽を聴くことは、思春期以降、ほぼ連続してわたしの興味の対象であった。

以前もあったことだが、特にここ二年ほど、心理的ないし身体的状態のせいだろうか、音楽ばかり聴いて過ごした。これを機会に、かつて聴いた音楽の記憶、そしてここ二年間に聴いた、あるいは聴き直した音楽について書いておきたいと考えた。

岡田暁生の著書『オペラの運命―一九世紀を魅了した「一夜の夢」』(中公新書、二〇〇一)、『西洋音楽史―「クラシック」の黄昏』(中公新書、二〇〇五)そして『恋愛哲学者モーツァルト』(新潮選書、二〇〇八)は面白くかつ参考になった。オペラの特別な愛好者ではないわたしは、書いたとおり、モーツァルトだけは例外的によく聴くあるいは観るのだが、『恋愛哲学者モーツァルト』は歴史的、思想的背景を広く踏まえ、それらに関連づけた議論で、ダボンテ・オペラに、前後のオペラ『後宮からの逃走』と『魔笛』を加えて恋愛五部作として捉える議論には感心した。でも、わたしは、いわゆるモーツァルト論をするつもりはなかったので、参考にとどめた。（あるいはこれまでの音楽の聴き方に、いつのまにか影響を与えたかもしれないので、今でも書棚に残っている、過去に読んだ音楽書をいくつか記しておく。諸井誠『現代音楽は怖くないーマーラーからメシアンまで』（一九八五）、ヘンリー・A・リー（渡辺裕訳）『異邦人マーラー』（一九八七）、磯山雅『モーツァルト　あるいは翼を得た時間』（一九八八）、吉田秀和『オペラ・ノート』（一九九一）、中村孝義『室内楽の歴史』（一九九四））

岡田は『音楽の聴き方―聴く型と趣味を語る言葉』（中公新書、二〇〇九）で、「お気に入りの音楽に、思い思いの言葉を貼り付けてみよう。音楽はただ粛粛と聴き入るためだけではなく、自分だけの言葉を添えてみるためにこそ、そこにあるのかもしれないのだ。理想的なのは、音楽の波長と共振することを可能にするような語彙、人々を共鳴の場へと引き込む誘いの語彙である」と書いている。

ショートショートエッセイはこの試みである。ここにはとても好きな曲があるが、好きというより、とても気になり書きたくなったものもある。このエッセイの書き方は一貫していない。そのときどきの聴き方、感じ方によって、考えついた書き方に従った。コンサートであっても、自宅で聴くときであっても、その音楽を聴くときの心理状態と身体状況は、聴き方に影響を与える。外側にいて、音楽の性格に言及したものもあれば、音楽に自分の心理状態を近づけて聴いてしまったものもある。比喩的に音楽の特質を語ってみたものもある。聴く音楽は演奏によっても違いが生じるので、エッセイの元にした音源を併記した。輸入盤、国内盤、どちらも日本語表記とした。また、これを書くにあたり、「作曲家別名曲解説ライブラリー」シリーズ（音楽の友社）に解説のあるものは参照した。（これには、楽曲の成立事情、構成などが説明されており、いくつかの譜例も載っている。）ここで扱った作曲家でこのシリーズに解説のないのは、ビゼー、プーランクそしてバルトークである。彼らについては、簡単な音楽辞典で事実関係だけは確認した。また、モーツァルトに関してだが、遅まきながら、青柳いづみこの『音楽と文学の対位法』（みすず書房、二〇〇六）所収の「モーツァルト―カメレオンの音楽」を読み、改めてこれまでの聴き方を振り返ったが、決して間違ってはいないと思った。青柳はモーツァルトの音楽の「悲劇性と喜劇性のクロスオーバ」を語り、その音楽の特質を「カメレオン」のように変幻自在な音楽と語っている。もう一冊、フィリップ・ソレルス（堀江敏幸訳）『神秘のモーツァルト』（集英社、二〇〇七）に気づき、読みながら、これまでに聴き損なった曲、聴いたけれど忘れてしまった曲を、聴き直した。この著書のスタイルに影響を受けてしまった面がある。

初めてアメリカに行った一九七八年、知り合ったアメリカ人が、既にわたしがクラシックをよく聴くということを知ったうえで言ったのだが、あなたはアメリカ文学を勉強しているということだけど、アメリカ音楽は何か聴くのと尋ねられ、全く聴かないと答えざるを得なかった。帰国の際に土産に頂いたチャールズ・アイヴスの弦楽四重奏曲を手始めに、その後、アメリカのクラシック音楽を色々と探して聴いてみた。アーロン・コープランド、サミュエル・バーバー、ウィリアム・シューマン、レナード・バーンスタインなど、色々聴いて、更に多くを聴く気は失せた。(アイヴスはまだ気になる作曲家ではある。また、ガーシュインは面白いけれど、これはジャズに分類したほうがいいのではないかと思う。)

アメリカ文学を教えるあるいは研究する立場としては、アメリカの他の文化も興味はあった。大学を辞める前の四、五年間、「アメリカ文化概論」なる講義を持つことになり、アメリカ美術史とアメリカ音楽史を半期ずつ教えることにした。音楽に関して言えば、日本人の書いたアメリカ音楽の通史と言えるものはほとんどない。そこで、サンプル演奏がCDでついているアメリカ人学生向きの教科書を手に入れ、それを基本にアメリカ音楽を教えた。フォーク・ソングの発生、ブルースの誕生、ジャズの誕生と変容、ミュージカル、そしてロックの誕生まで辿る講義を行った。ロックの誕生を説明はできるが、それ以後のロックの変遷はわたしには興味がなく、語ることはできなかった。アメリカのクラシックも同様、説明することはなかった。結局、ジャズを紹介するのにもっとも時間を使ってしまった。ジャズの音楽の特質を説明するのに、少し古い録音だが、かの才人、レナード・バーンスタインのCD『ジャズとは何か』(*What is Jazz?* 1956)

は、クラシックとジャズがどう異なるか、実演とともに解説しているとても有益な資料だった。わたしは、自分でたくさんのCDを買い、聴き、その全てではないが、学生にも聴かせた。わたしは、とりわけ、モダン・ジャズのチャーリー・パーカー、ジョン・コルトレーン、ビル・エヴァンス、そしてマイルス・デイヴィスの演奏を聴いて、とても気にいった。ジャズ・ボーカルを聴かせる時間では、自分でも歌うことを試みたのだが、肝心のスウィングがうまくできない。例えば、ローズマリー・クルニーの歌う「アイ・ゲット・ア・キック・アウト・オヴ・ユー」を歌ってみても、うまく歌えない。クラシックの歌手がシャンソンを歌うこともあるが、それを真似て『枯葉』はフランス語で歌えるのに、ジャズは英語で歌うとスウィングできないか、スウィングに気をつかうと英語がデタラメになってしまう。ご存知の通り「スウィングがなければ意味はない（デューク・エリントン）」（つまり、スウィングはジャズに不可欠ということ）。結局、今はジャズから離れてしまっている。

好きなクラシックの曲は何度聴いても飽きない。あれもこれも好きだ。好きな曲は数えきれないほどある。今はショスタコーヴィチの室内楽をすべて聴きたい。ひるがえって、これからも繰り返して読みたい、好きなアメリカの小説や詩はどれくらいあるかと自問すると、考え込んでしまう。むしろ、読み損なったヨーロッパ文学はたくさんあるのではないか、と思う。かつて、ミラン・クンデラをよく読んでいた時期もあった。今は、興味の惹かれた幾人かのヨーロッパの作家の小説などを読んでいる。残念ながら、原語では読めない。時に、英米の文学の翻訳を読むと、訳語が気になり止まってしまうことがある。そこで、原書を調べだす羽目になることがある。たとえば、これは音楽家がコンサートを聴いたとき、気になった箇所の楽譜を、あとで調べてみる行為に似ているのかもしれない。その言語を知らない場合、それゆえに気楽に読めるのかもしれない。翻訳に疑問を抱くこともなく読み進められるのは、幸福な読書である。

音楽に対して、素人故に自由に接することができるのは幸せである。ただ困ることがある。カフェで本を読みながらコーヒーを飲んでいたとして、ふと流れている音楽が、モーツァルトの『ピアノ協奏曲二十三番』だと気づき、この演奏悪くないね、などと聴き始めると、気になって読書は止まってしまう。失敗もあった。用事があり、知人と話をしながらカフェにいたとき、音楽が聞こえてきて、「あれ、モーツァルトの弦楽四重奏曲十四番」と言ってしまい、相手の話の腰を折ってしまった。相手は音楽に関心のない方で、確実に心象を悪くした。

著名な詩の研究家で詩人でもあるN先生は、しばらく船旅に出たとき、詩に三日も触れていなくて、寂しくなったと語られた。わたしの場合は、三日間音楽を聴いていないと寂しくなる、というのが実態である。

最後に、語られた文脈を無視して、「まず何よりも音楽を」（ヴェルレーヌ）と言いたい。

二〇二〇年三月

森 邦夫

森　邦夫　もり　くにお

一九四七年生まれ。東北学院大学大学院文学研究科修士過程修了。鶴見大学名誉教授。著書に『詩と絵画の出会うとき―アメリカ現代詩と絵画』（神奈川新聞社、二〇〇二年）、翻訳にマーク・ストランド『ほとんど見えない』（港の人、二〇一七年）、『アメリカ現代詩一〇一人集』（共訳、思潮社、一九九九年）、研究論文に「ウィリアム・カーロス・ウィリアムズとブリューゲル」「ロバート・ローウェルの晩年」「チャールズ・シミックの詩と記憶の効用」などがある。他に詩文集『音楽と出会う情景』（私家版、一九九四年）、詩集『エドワード・ホッパーの絵、その他の詩』（私家版、二〇〇二年）がある。

音楽の記憶

二〇二〇年七月七日初版発行

著　者　森　邦夫
装　丁　林　稔
発行者　上野勇治
発　行　港の人
神奈川県鎌倉市由比ガ浜三—一一—四九
〒二四八—〇〇一四
電話〇四六七（六〇）一三七四
ファックス〇四六七（六〇）一三七五
http://www.minatonohito.jp

印刷製本　シナノ印刷
ISBN978-4-89629-379-1